DOUANES FRANÇAISES

TRAITÉ

avec

L'ITALIE

PUBLIÉ

Par M. MOURET

Employé des Douanes, à Marseille

PRIX : 1 fr. 50 cent.

MARSEILLE

IMPRIMERIE ET LITHOGRAPHIE ARNAUD ET Cᵉ, CANNEBIÈRE, 10.

1864

TRAITÉ FRANCO-ITALIEN

INSTRUCTIONS GÉNÉRALES

Assimilation des pavillons.

Le pavillon italien est assimilé au pavillon français. Ainsi, les marchandises *de toute nature* importées *directement* d'Italie en France sous pavillon italien, seront sonsidérées comme arrivées sous pavillon français et jouiront des mêmes exemptions, restitutions de droits ou autres faveurs quelconques. Ainsi donc, que les marchandises soient ou non dénommées au traité, *que ces marchandises soient ou non originaires d'Italie*, elles paieront le même droit qu'elles eussent acquitté si l'importation en eût été effectuée sous pavillon national.

Marchandises reprises au traité.

Il y a non-seulement assimilation de pavillon pour les marchandises de toute origine, mais il y a encore exemption ou modération de droits pour certaines marchandises dénommées au traité. Les traités anglais et belges, ayant été pris pour bases de l'établissement du traité qui nous occupe, il en est résulté tout naturellement que les tableaux des marchandises admissibles au bénéfice du traité italien, comprennent, en dehors des produits du crû de l'Italie, des marchandises qui ne sont nullement originaires de ce royaume. On appliquera à ces dernières marchandises, le droit des importations par navire français, *d'ailleurs que des pays d'origine, soit des entrepôts*.

Importations par terre.

Le bénéfice du traité est acquis aux produits d'origine ou de manufacture italienne importés *par terre*, comme à ceux venus par mer sous pavillon français ou italien.

Les produits non originaires d'Italie, importés par terre, seront soumis aux droits afférents, d'après le tarif ordinaire, aux importations sous pavillon français des entrepôts ou d'ailleurs que des pays d'origine.

Transport direct.

Il faut que l'importation soit effectuée en droiture, qu'il y ait assimilation des pavillons seulement, ou admission aux exemptions ou aux modérations de droits, résultant du nouveau traité.

Certificats d'origine.

Pour justifier que les produits sont d'origine ou de manufacture italienne, l'importateur doit produire soit une déclaration officielle faite devant un magistrat siégeant au lieu d'expédition, soit un certificat délivré par le chef du service des douanes du lieu d'exportation, soit un certificat délivré par les consuls ou agents consulaires français résidant aux lieux d'expédition, ou aux ports d'embarquement.

Les consuls ou agents consulaires devront légaliser les signatures des autorités locales.

Les certificats peuvent être spéciaux pour une seule partie de marchandises ou collectifs pour plusieurs parties.

La production du certificat d'origine n'est pas exigée :

1° Pour les objets apportés par les voyageurs en dehors de toute opération de commerce ;

2° Pour les produits de la librairie ;

3° Pour le coton en laine *de l'Inde*.

Ce dernier produit, bien que non originaire de l'Italie sera cependant admissible en franchise à l'importation de ce pays par navires français ou italiens; mais les importateurs auront à produire des attestations authentiques établissant que les cotons présentés par eux sont réellement originaires de l'Inde.

Le coton d'Italie est admissible en franchise à l'importation par terre comme par mer sous pavillon italien ou français, moyennant la production d'un certificat d'origine.

Importation par navires étrangers.

Les produits d'*origine ou de manufacture italienne* repris au traité, importés *directement* d'Italie par navires tiers, seront admis à jouir du tarif conventionnel; cette disposition n'est pas spécialement écrite dans le traité; mais, comme pour les conventions conclues avec la Belgique et l'Angleterre, il a été entendu. sans nul doute, que cette faveur serait accordée au pavillon tiers, sous la condition que les bâtiments seraient soumis aux droits ordinaires de navigation, et les marchandises aux surtaxes spéciales de navigation désignées ci-après :

1° Sera perçue la surtaxe fixe de 25 c. par 100 kil., sur les marchandises affranchies de tout droit d'après le traité, ou taxées moins de 3 fr. les 100 kil. ;

2° Seront grevées des surtaxes édictées par l'article 7 de la loi du 28 avril 1816 (surtaxe du 10°) les marchandises assujéties à un droit de 3 fr. et au-dessus.

Dans le cas où des bâtiments tiers importeraient d'Italie des marchandises non reprises au traité, ou des marchandises reprises au traité, mais non accompagnées de certificats d'origine réguliers. ces marchandises demeureraient soumises aux conditions du tarif général, et acquitteraient le droit des importations par navires étrangers.

Marchandises taxées à la valeur.

Toute déclaration d'une marchandise taxée *à la valeur*, devra être accompagnée d'une facture qui indique le prix au lieu d'achat. La douane a, en outre, le droit de se faire représenter le connaissement.

La facture, qui doit émaner du fabricant ou du vendeur, sera visée par le consul de France; elle devra indiquer le prix réel, c'est-à-dire, la valeur normale et régulière dans le pays de production.

La valeur déclarée par l'importateur, doit être le prix net et effectif de la marchandise au pays de production, augmenté des frais ordinaires de transport, d'assurance et de commission jusqu'à son arrivée ou son débarquement en France.

Le montant de l'assurance doit être compris dans la valeur déclarée, alors même qu'en fait, la marchandise n'aurait pas été assurée.

Quand les factures présentées mentionnent des escomptes ou remises quelconques, la douane n'en peut tenir compte qu'autant qu'ils ne font pas obstacle à ce que le prix régulier puisse être rétabli, de manière que les mêmes produits, quelque soit le déclarant, supportent autant que possible la même somme de droits.

Droit de préemption.

Si la douane juge insuffisante la valeur déclarée, elle a le droit de retenir les marchandises en payant à l'importateur le prix déclaré par lui, augmenté de 5 0/0.

L'importateur contre lequel la douane voudra exercer le droit de préemption pourra, s'il le préfère, demander l'estimation de sa marchandise par des experts locaux.

La même faculté appartiendra à la douane.

Lorsqu'il y a expertise, la liquidation portera sur la valeur déclarée, si la déclaration est reconnue exacte ou si l'expertise ne fait ressortir qu'une mésestimation inférieure à 5 0/0.

Si l'atténuation de valeur contestée excède 5 0/0, mais n'atteint pas 10 0/0, la douane aura la faculté de préempter ou de recouvrer les droits sur la valeur reconnue.

Quand le résultat de l'expertise accusera une mésestimation de la part du déclarant de 10 0/0 ou plus, la douane demeurera libre ou de préempter ou de percevoir le droit, augmenté de 5 0/0 à titre d'amende.

Lorsqu'il sera procédé à la préemption, elle sera notifiée dans les vingt-quatre heures qui suivront, soit la visite, soit l'arbitrage des experts, si l'on a recours à leur intervention.

La douane aura ensuite quinze jours pour payer à l'importateur la valeur de la marchandise portée dans la déclaration et le vingtième en sus.

Si la valeur déterminée par la déclaration arbitrale excède la valeur déclarée de 5 0/0, les frais de l'expertise seront supportés par le déclarant ; dans l'hypothèse contraire, ils seront supportés par la douane.

En cas de contestation sur le chiffre de ces frais, ils seront arbitrés par le président du Tribunal de commerce.

Arbitres-experts.

Les arbitres-experts, au nombre de deux, seront nommés, l'un par le déclarant, l'autre par le chef local du service des douanes ; en cas de partage ou même au moment de la constitution de l'arbitrage, si le déclarant le requiert, les experts choisiront un tiers-arbitre, et s'il y a désaccord, celui-ci sera nommé par le président du Tribunal de commerce.

La décision devra être rendue dans les quinze jours qui suivront la constitution de l'arbitrage.

Extension à l'Algérie des dispositions du présent traité.

Les dispositions du traité italien seront applicables en Algérie, tant pour l'exportation des produits de cette possession que pour l'importation et le transit des marchandises italiennes. Les importateurs en Algérie sont libres d'opter pour l'application du tarif colonial, lorsque celui-ci leur paraîtra plus favorable. D'un autre côté, les produits italiens importés directement d'Italie en Algérie par navires italiens, seront soumis aux surtaxes spéciales dont nous avons parlé plus haut, à propos du tiers pavillon.

Quant aux navires, ils jouiront, dans les ports d'Algérie, d'une réduction de 5 0/0 sur le taux général des droits de tonnage. Nous nous occuperons plus spécialement, plus bas, de la position particulière que crée le nouveau traité au pavillon italien, soit en France, soit en Algérie, au point de vue de la navigation et des divers droits qui s'y rapportent.

Marchandises existant en entrepôt au moment de la mise à exécution du Traité.

En droit strict, le nouveau traité italien ne serait pas applicable aux importations effectuées antérieurement à sa promulgation. Jusqu'à ce jour, par une exception au principe que l'entrepôt c'est l'étranger, le régime de faveur résultant des conventions internationales, était refusé aux marchandises arrivées en France avant la mise à exécution de ces conventions. Toutefois, pour l'application des traités anglais et belges, l'Administration supérieure des douanes a cru pouvoir se départir de ses anciennes règles, et, tout en les rappelant encore, elle s'est exprimée de manière à les faire considérer comme abrogées à tout jamais.

Les produits constitués encore en entrepôt au moment de l'apparition du traité italien pourront donc jouir de toutes les faveurs inscrites à cette convention, sous la condition, bien entendu, de produire les justifications d'origine et de transport dont nous avons déjà parlé.

Convention de navigation.

Les bâtiments italiens venant directement d'Italie en France sont assimilés aux bâtiments français, non-seulement, comme nous l'avons déjà dit, pour les droits qui affectent la cargaison, mais encore pour toutes les taxes ou charges qui portent sur la coque même du navire (droits de tonnage, de pilotage, etc., etc.), pour le placement des navires, leur chargement et leur déchargement, et généralement pour toutes les formalités et dispositions quelconques auxquelles peuvent être soumis les navires de commerce.

Les bâtiments italiens pourront conserver à leur bord la portion de leur chargement destinée pour un autre port, soit de France, soit de l'étranger, sans être astreints à payer, pour cette dernière partie de leur cargaison, aucun droit de douane.

Les droits de tonnage et d'expédition ne seront pas exigibles dans les cas suivants : 1° lorsque, entrés sur lest, de quelque lieu que ce soit, dans nos ports, les navires italiens en ressortent sur lest ; 2° lor sque, passant d'un port dans un ou plusieurs autres ports de France, soit pour y déposer tout ou partie de leur chargement, soit pour y composer ou y compléter leur chargement, ils justifient avoir déjà acquitté ces droits ; 3° enfin, lorsque, entrés avec chargement, soit volontairement, soit en relâche forcée, ils repartent sans avoir effectué aucune opération de commerce. Ne sont pas considérés, en cas de relâche forcée, comme opérations de commerce, le débarquement et le rechargement des marchandises pour la réparation du navire, le transbordement sur un autre navire en cas d'innavigabilité du premier, les dépenses nécessaires au ravitaillement des équipages et la vente des marchandises avariées, lorsque la douane en a donné l'autorisation.

Nous n'avons pas sans doute besoin de rappeler que le droit de tonnage n'est, dans aucun cas, exigible à Marseille.

Jusqu'à ce jour, les bâtiments étrangers, autres que les espagnols, n'étaient pas admis à se livrer au cabotage sur nos côtes. Une exception est faite par le nouveau traité en faveur des navires italiens, mais seulement des *navires à vapeur*. Il a été réglé, en effet, que les navires à vapeur italiens seraient autorisés à faire, soit la navigation d'escale, soit la navigation de côtes ou de cabotage *dans tous les ports français de la Méditerranée, y compris ceux de l'Algérie*, sans être assujétis à d'autres ou à de plus forts droits que ceux qui sont imposés aux navires nationaux.

Tous les bâtiments italiens allant d'Italie en Algérie obtiennent, dans les ports de notre possession d'Afrique, une réduction de 50 p. 0/0 sur la quotité de droit de tonnage, dans tous les cas où il y est exigible sur les navires étrangers : ils n'auront alors à supporter qu'une taxe de 2 francs ; mais les marchandises importées en Algérie par navires italiens demeurent, comme nous l'avons dit, assujéties aux surtaxes de navigation.

Nous signalerons enfin une disposition très-importante : c'est celle en vertu de laquelle les navires italiens venant des possessions britanniques en Europe seront traités comme les navires français venant des mêmes possessions.

TARIF

DÉNOMINATION DES PRODUITS	UNITÉS sur lesquelles portent les droits.	DROITS (décime compris) APPLICABLES	
		par navires français ou italiens jusqu'au 1er octobre 1864.	par navires français ou italiens à partir du 1er octobre 1864.
		F. C.	F. C.
A			
Abaca brut, teillé, en étoupes, peigné ou tordu		Voir le Tarif général.	
fils de) V. fils.			
tissus de) V. tissus.			
Acétate de soude anhydre	100 k. B.	5 75	4 »
cristallisé ou hydraté	—	5 55	3 80
Acides citrique	—	Exempts.	Exempts.
gallique	—	id.	id.
sulfurique	—	id.	id.
nitrique	—	id.	id.
hydrochlorique (acide muriatique)	—	» 90	» 90
arsénieux	—	Exempts.	Exempts.
tartrique	—	id.	id.
oxalique	100 k. N.	15 »	10 fr. 100 k. B.
benzoïque	100 k. B.	Exempts.	Exempts.
borique	—	id.	id.
stéarique en masse	la valeur.	5 p. 0/0	5 p. 0/0
ouvré bougies	—	10 p. 0/0	10 p. 0/0
autre		Voir le Tarif général.	
Acier en barres de toute espèce, et feuillard	100 k. N.	15 »	13 »
en tôle ou en bandes. brunes, laminées à chaud, ayant d'épaisseur plus d'un demi-millimètre	—	22 »	18 »
1 demi-millimètre ou moins	—	30 »	25 »
blanches, laminées à froid, quelle que soit l'épaisseur	—	30 »	25 »
filé, même blanchi pour cordes d'instruments	—	30 »	25 »
ouvré. V. ouvrages en métaux.			
Agates et autres pierres de même espèce ouvrées	la valeur.	10 p. 0/0	10 p. 0/0
Aiguilles à coudre ayant de longueur moins de 5 centimètres	100 k. N.	200 »	200 »
5 centimètres ou plus	—	100 »	100 »
Albâtres, de toute sorte. bruts ou équarris	100 k. B.	1 »	1 »
sciés, ayant d'épaisseur 16 centimètres et plus	—	1 »	1 »
moins de 16 centimètres	—	1 50	1 50
sculptés, moulés ou polis statues modernes	—	Exemptes.	Exemptes.
autres	—	1 50	1 50
Albumine	—	Exempte.	Exempte.
Alcools eaux-de-vie en bouteilles	l'hect. de liquide.	15 »	15 »
autrement qu'en bouteilles	l'hect. d'alcool pur	20 »	20 »
autres	id.	20 »	20 »
Aluminate de soude	la valeur.	10 p. 0/0, plus 70 c. par 100 k. B.	
Aluminium	—	10 p. 0/0	10 p. 0/0
Amidon	100 k. B.	1 50	1 50
Ancres	—	10 »	8 »
Antimoine sulfuré fondu	—	Exempt.	Exempt.
métallique ou régule	—	8 »	6 »
Argentan, nikel pur or allié d'autres métaux. en lingots ou masses brutes	100 k. B.	Exempt.	Exempt.
battu, laminé ou étiré	100 k. N.	15 »	10 f. les 100 k. B.
ouvré	—	100 »	100 »
Armes de commerce. blanches	—	40 »	40 »
à feu	—	240 »	240 »

DÉNOMINATION DES PRODUITS	UNITÉS sur lesquelles portent les droits.	DROITS (décimes compris) APPLICABLES	
		par navires français ou italiens jusqu'au 1er octobre 1864.	par navires français ou italiens à partir du 1er octobre 1864
		F. C.	F. C.
Articles d'emballage ayant déjà servi............	100 k. B.	Exempts.	Exempts.
Avirons............	—	id.	id.
Azur. V. cobalt vitrifié.			
Argent battu, en feuilles............	100 k. N.	20 »	20 »

B

DÉNOMINATION DES PRODUITS	UNITÉS	JUSQU'AU 1864	À PARTIR 1864
Bâtiments — de mer construits en Italie, non immatriculés ou naviguant sous pavillon italien — en bois	le tonn. de jauge franç.	25 »	20 »
— en fer	—	70 »	60 »
Bateaux de rivière et coques de bâtiments — en bois	—	15 »	10 »
de mer — en fer	—	50 »	40 »
Bicarbonate de soude............	100 k. B.	5 95	4 20
Bière............	l'hectolitre de liquide.	4 40	4 40
Bijouterie et **Orfèvrerie** en or, argent, platine ou autres métaux............	100 k. N.	500 »	500 »
Bimbeloterie............	la valeur.	10 p. 0/0	10 p. 0/0
Bismuth (étain de glace)............	100 k. B.	Exempt.	Exempt.
Blanc — de baleine et de cachalot............	—	2 »	2 »
de zinc. V. oxyde zinc.			
Bois de teinture moulus............	—	Exempts.	Exempts.
Bonneterie. V. tissus selon l'espèce.			
Borax brut............	—	Exempt.	Exempt.
Bougies de blanc de baleine ou de cachalot et autres bougies de toute sorte............	la valeur.	10 p. 0/0	10 p. 0/0
Bourre de soie — en masse, cardée et filée. V. soies.			
Tissus de). V. tissus.			
Bouteilles en verre, pleines ou vides, de toutes formes............	100 k. B.	1 30	1 30
Boutons autres que de passementerie, communs ou fins............	la valeur.	10 p. 0/0	10 p. 0/0
Briques............	100 k. B.	Exemptes.	Exemptes.
Brome............	—	Exempt.	Exempt.
Brosserie, de toute espèce............	la valeur.	10 p. 0/0	10 p. 0/0
Bois feuillard............	le mille en nombre	Exempt.	Exempt.

C

DÉNOMINATION DES PRODUITS	UNITÉS	JUSQU'AU 1864	À PARTIR 1864
Câbles et **Chaînes** en fer............	100 k. B.	10 »	8 »
Cacao — Fèves et pellicules............		Voir le tarif général.	
simplement broyé. V. chocolat.			
Cadmium brut............	100 k. B.	Exempt.	Exempt.
Caoutchouc et **Gutta-Percha** (Ouvrages en) — purs ou mélangés............	100 k. N.	20 »	20 »
appliqués sur tissus en pièces ou sur d'autres matières............	—	100 »	100 »
en tissus élastiques (pièces de toutes dimensions)............	—	200 »	200 »
Chaussures............	—	60 »	60 »
Vêtements confectionnés............	—	120 »	120 »
Caractères d'imprim. — neufs............	100 k. B.	10 »	8 »
vieux............	—	5 »	3 »
Carbonates — de soude — cristallisé (cristaux de soude)............	—	2 70	1 90
de soude (sel de soude) titrant au moins 60 degrés............	—	5 60	4 10
moins de 60 d°............	100 k. N.	15 50	14 »
de magnésie............	100 k. B.	Exempt.	Exempt.
de potasse............	—	id.	id.
de plomb............	—	5 »	2 »
Cardes. V. machines et mécaniques.			

DÉNOMINATION DES PRODUITS	UNITÉS sur lesquelles portent les droits.	DROITS (décimes compris) APPLICABLES par navires français ou italiens jusqu'au 1er octobre 1864.	par navires français ou italiens à partir du 1er octobre 1864.
		F. C.	F. C.
Carreaux de terre (poterie grossière)	100 k. B.	Exempts.	Exempts.
Carrosserie	la valeur.	10 p. 0/0	10 p. 0/0
Cartes { géographiques	100 k. B.	Exemptes.	Exemptes.
{ à jouer	la valeur.	15 p. 0/0, plus 48 cent. par jeu.	
Carton { en feuilles, de toute sorte	100 k. B.	10 »	8 »
{ moulé, dit papier mâché	la valeur.	10 p. 0/0	10 p. 0/0
{ coupé et assemblé	—	id.	id.
Chaînes en fer. V. câbles.			
Chandelles	—	10 p. 0/0	10 p. 0/0
Chanvre { brut, teillé, en étoupes, peigné ou tordu		Voir le Tarif général.	
{ Fils de). V. fils.			
{ Tissus de). V. tissus.			
Chapeaux de paille	100 k. B.	10 »	10 »
Chaussons de lisières. V. tissus de laine.			
Chaussures en caoutchouc ou en gutta-percha. V. caoutchouc.			
Chicorée brûlée ou moulue	—	5 »	5 »
Chlorate de potasse	100 k. N.	45 20	32 35
Chlorures { de potassium (hydrochlorate ou muriate de potasse)	100 k. B	Exempt.	Exempt.
{ de chaux	—	5 »	3 55
{ de magnésium	—	» 40	» 40
{ d'aluminium	la valeur.	10 p. 0/0	10 p. 0/0
Chocolat et **Cacao** simplement broyé	100 k. N.	35 »	35 »
Chromates de plomb et de potasse	la valeur.	10 p. 0/0	10 p. 0/0
Cirage, de toute sorte	100 k. B.	4 »	4 »
Cire { brute, jaune, brune ou blanche	—	1 »	1 »
{ ouvrée		Voir le Tarif général.	
Cire à cacheter	100 k. N.	30 »	30 »
Citrate de chaux	100 k. B.	Exempt.	Exempt.
Clichés avec ou sans dessins	—	10 »	8 »
Cobalt vitrifié { en masse—smalt	—	Exempt.	Exempt.
{ en poudre—azur	—	id.	id.
Colle { de poisson	100 k. N.	40 »	40 »
{ forte	la valeur.	5 p. 0/0	5 p. 0/0
Cordes et **Câbles** (cordages). { de fibres de coco (bastings), de sparte, de tous calibres, en fils ou tresses battues ou non, de tilleuls ou de joncs		Voir le Tarif général.	
{ autres	100 k. N.	15 »	15 »
Cordes métalliques blanches pour instruments. V. acier filé.			
Cornes de bétail brutes	100 k. B	Exemptes.	Exemptes.
Cornues à gaz { en poterie. V. poterie.			
{ en fonte. V. ouvrages en métaux.			
Cidre	l'hect. de liquide.	» 25	» 25
Coton { en laine { de l'Inde et d'Italie	100 k. N	Exempt.	Exempt.
{ { autre		Voir le Tarif général.	
{ non égrené { de l'Inde et d'Italie	100 k. B.	Exempt.	Exempt.
{ { autre	—	» 90	» 90
{ en feuilles cardées ou gommées (ouate)	—	10 »	10 »
{ Fils de). V. fils.			
{ Tissus de). V. tissus.			
Couleurs non dénommées sèches, en pâtes ou liquides	la valeur.	5 p. 0/0	5 p. 0/0
Coutellerie, de toute espèce	—	20 p. 0/0	15 p. 0/0 à partir du 1er janv. 1866.
Coutil { de coton. V. tissus de coton.			
{ de lin ou de chanvre. V. tissus de lin ou de chanvre.			
Couvertures. V. tissus selon l'espèce.			
Crayons { simples, en pierre	100 k. B.	1 »	1 »
{ composés, à gaîne de bois	la valeur.	10 p. 0/0	10 p. 0/0
Crème de tartre. V. tartrate.			
Creusets. V. poterie.			

DÉNOMINATION DES PRODUITS	UNITÉS sur lesquelles portent les droits.	DROITS (décimes compris) APPLICABLES	
		par navires français ou italiens jusqu'au 1er octobre 1864	par navires français ou italiens à partir du 1er octobre 1864
		F. C.	F. C.
Crins — bruts de toute nature , même préparés ou frisés	100 k. B.	Exempts.	Exempts.
Tissus de). V. tissus.			
Cristal de roche — ouvré	—	Exempt.	Exempt.
monté. Comme bijouterie et orfèvrerie.			
Cristaux — V. verres et cristaux.			
de soude. V. carbonate de soude cristallisé.			
de tartre. V. tartrates.			
Cuivre — pur ou allié de zinc ou d'étain — de 1re fusion, en masses, barres, saumons ou plaques	100 k. B.	Exempt.	Exempt.
laminé ou battu, en barres ou planches	100 k. N.	15 »	10 f. les 100 k. B.
en fils — de toute dimension, polis ou non	—	15 »	10 f. les 100 k. B.
teints en jaune imitant la dorure		Voir le Tarif général.	
doré ou argenté , en masses ou lingots, battu, tiré, laminé ou filé sur fil ou sur soie			id.
Débris de vieux ouvrages en cuivre	100 k. B.	Exempts.	Exempts.
Cylindres en cuivre ou laiton pour impression , gravés ou non	100 k. N.	15 »	15 »

D

DÉNOMINATION DES PRODUITS	UNITÉS sur lesquelles portent les droits.	par navires français ou italiens jusqu'au 1er octobre 1864	par navires français ou italiens à partir du 1er octobre 1864
Débris de vieux ouvrag. — en cuivre, en étain , en plomb et en zinc. V. ces mots.			
en fer et en fonte. V. ferrailles.			
Dégras de peaux	100 k. B.	Exempts.	Exempts.
Dentelles. V. tissus selon l'espèce.			
Dents de loup	—	Exemptes.	Exemptes.
Dérivés de l'essence de houille	la valeur.	5 p. 0/0	5 p. 0/0
Dés en acier. V. ouvrages en métaux.			
Dessins. V. gravures.			

E

DÉNOMINATION DES PRODUITS	UNITÉS sur lesquelles portent les droits.	par navires français ou italiens jusqu'au 1er octobre 1864	par navires français ou italiens à partir du 1er octobre 1864
Eaux — de senteur — avec alcool	l'hect. d'alcool pur.	20 »	15 »
sans alcool	100 k. B.	10 »	10 »
de-vie. V. alcool.			
Écorces médicinales non dénommées (écorces de quinquina comprises)	—	2 »	2 »
Écossines — brutes , taillées ou sciées	—	Exemptes. id.	Exemptes. id.
sculptées ou polies — statues modernes	—	» 50	» 50
autres	—	» 50	» 50
Émaux	la valeur.	10 p. 0/0	10 p. 0/0
Emballages. V. articles d'emballage.			
Encre à écrire , à dessiner ou à imprimer	100 k. N.	20 »	20 »
Épices préparées — Moutarde	100 k. B.	5 »	5 »
Sauces	100 k. N.	25 »	25 »
Autres		Voir le Tarif général.	
Épingles , de toute sorte	100 k. N.	50 »	50 »
Éponges , de toute sorte	—	55 »	55 »
Essence de houille	la valeur.	5 p. 0/0	5 p. 0/0
Étain — en masses brutes, saumons, barres ou plaques	100 k. B.	Exempt.	Exempt.
allié d'antimoine (métal britannique), en lingots	—	5 »	5 »
pur ou allié , battu ou laminé	—	6 »	6 »
Débris de vieux ouvrages en étain	—	Exempts.	Exempts.
Étiquettes imprimées , gravées ou coloriées	—	Exemptes.	Exemptes.
Extraits de bois de teinture. — Noirs et violets	100 k. N.	20 »	20 »
Rouges et jaunes	—	30 »	30 »

DÉNOMINATION DES PRODUITS	UNITÉS sur lesquelles portent les droits.	DROITS (décime compris) APPLICABLES — par navires français ou italiens jusqu'au 1er octobre 1864.	par navires français ou italiens à partir du 1er octobre 1864.
		F. C.	F. C.
F			
Faïences — stannifères — pâte colorée, couverte blanche ou colorée avec reliefs, gaudrons, cannelures ou dentelures, unicolores obtenus par moulage sans retouche..	100 k. B.	Exemptes.	Exemptes.
à glaçure multicolore avec dessins imprimés ou peintures à la main, ou avec moulures en relief retouchées à la main...			
fines, c'est-à-dire poteries à pâtes fines et blanches, cuites en dégourdi avec émaux vitreux, unies ou sculptées, avec ou sans peinture...	la valeur.	20 p. 0/0	15 p. 0/0
Fanons de baleine, bruts	100 k. B.	Exemptes.	Exemptes.
Fards blanc ou rouge	—	10 »	10 »
Fer — Fonte (sans distinction de poids.) brute, en masse et fonte moulée pour lest de navires	—	2 50	2 »
épurée, dite mazée	—	3 25	2 75
en barres carrées, rondes ou plates			
rails de toute forme et dimension	—	7 »	6 »
fers d'angle et à T			
brut, en massiaux ou prismes, retenant encore des scories	—	5 »	4 50
feuillard en bande d'un millimètre d'épaisseur ou moins			
Tôles — laminées ou martelées de plus d'un millim. d'épaiss., en feuilles pesant — 200 kil. ou moins et dont la largeur n'excède pas 1 m. 20 cent., ni la longueur 4 m. 50 cent.	—	8 50	7 50
plus de 200 kil. ou bien dont la largeur excède 1 m. 20 cent. ou la longueur 4 m. 50 cent.	—	9 50	7 50
minces et fers noirs en feuilles, d'un millimètre d'épaisseur ou moins	100 k. N.	13 »	10 f. les 100 k. B.
laminées, martelées ou minces et fers noirs en feuilles, planes ou découpées d'une façon quelconque	—		Droits des tôles et fers noirs en feuilles rectang., selon l'espèce, et le 10e en sus.
étamé (fer-blanc), cuivré, zingué ou plombé	—	16 »	13 »
fils de fer, qu'ils soient ou non étamés, cuivrés ou zingués.... — de 5 dixièmes de millimètre de diamètre ou moins	—	14 »	10 fr. 100 k. B.
autres	100 k. B.	7 »	6 »
ouvré. V. ouvrages en métaux.			
Ferrailles — débris de vieux ouvrages en fer	—	3 25	2 75
débris de vieux ouvrages en fonte	—	2 50	2 »
Feuilles médicinales non dénommées	—	2 »	2 25
Feutres, de toute sorte	la valeur.	15 p. 0/0	15 p. 0/0
Filets de pêche	100 k. N.	20 »	20 »
Fils de lin ou de chanvre mesurant au kil. — purs — simples — écrus — 6,000 mètres ou moins	—	15 »	
plus de 6,000 mèt.; pas plus de 12,000	—	20 »	
— 12,000 — — 24,000	—	30 »	
— 24,000 — — 36,000	—	36 »	
— 36,000 — — 72,000	—	60 »	
— 72,000 mètres	—	100 »	
blanchis ou teints — 6,000 mètres ou moins	—	20 »	
plus de 6,000 mèt.; pas plus de 12,000	—	27 »	
— 12,000 — — 24,000	—	40 »	
— 24,000 — — 36,000	—	48 »	
— 36,000 — — 72,000	—	80 »	
— 72,000 mètres	—	133 »	
retors — écrus — 6,000 mètres ou moins	—	19 50	
plus de 6,000 mèt.; pas plus de 12,000	—	26 »	
— 12,000 — — 24,000	—	39 »	
— 24,000 — — 36,000	—	46 80	
— 36,000 — — 72,000	—	78 »	
— 72,000 mètres	—	130 »	
blanchis ou teints — 6,000 mètres ou moins	—	26 »	
plus de 6,000 mèt.; pas plus de 12,000	—	35 10	
— 12,000 — — 24,000	—	52 »	
— 24,000 — — 36,000	—	62 40	
— 36,000 — — 72,000	—	104 »	
— 72,000 mètres	—	172 90	
mélangés, le lin ou le chanvre *dominant en poids*	—	Mêmes droits que les fils de lin ou de chanvre purs, *selon l'espèce et la classe.*	

DÉNOMINATION DES PRODUITS	UNITÉS sur lesquelles portent les droits.	DROITS (décimes compris) APPLICABLES par navires français ou italiens jusqu'au 1er octobre 1864. F.	C.	par navires français ou italiens à partir du 1er octobre 1864. F.	C.
Fils de jute, mesurant au kilogramme. purs, écrus : moins de 1,400 mètres	100 k. B.	7	»	5	»
de 1,400 à 3,700 mètres *exclusivement*	—	9	20	6	»
de 3,700 à 4,200 mètres *idem*	100 k. N.	10	20	7 fr. les 100 k. B.	
de 4,200 à 6,000 mètres *inclusivement*	—	15	»	10 f. les 100 k. B.	
plus de 6,000 mètres	—	Mêmes droits que les fils de lin, *selon la classe.*			
purs, blanchis ou teints : moins de 1,400 mètres	100 k. B.	10	»	7	»
de 1,400 à 3,700 mètres *exclusivement*	100 k. N.	13	»	9 f. les 100 k. B.	
de 3,700 à 4,200 mètres *idem*	—	15	»	10 f. les 100 k. B.	
de 4,200 à 6,000 mètres *inclusivement*	—	22	»	14	»
plus de 6,000 mètres	—	Mêmes droits que les fils de lin, *selon la classe.*			
mélangés, le jute *dominant en poids*	—	Mêmes droits que les fils de jute pur, *selon l'espèce et la classe.*			
Fils de phormium tenax, d'abaca et d'autres végétaux filamenteux non dénommés	la valeur.	5 p. 0/0			
Fils de coton pur, mesurant au demi-kil. simples, écrus, : 20,500 mètres *ou* moins	100 k. N.	15 fr.	»		
plus de 20,500 mèt. ; pas plus de 30,500	—	20	»		
— 30,500 — — 40,500	—	30	»		
— 40,500 — — 50,500	—	40	»		
— 50,500 — — 60,500	—	50	»		
— 60,500 — — 70,500	—	60	»		
— 70,500 — — 80,500	—	70	»		
— 80,500 — — 90,500	—	90	»		
— 90,500 — — 100,500	—	100	»		
— 100,500 — — 110,500	—	120	»		
— 110,500 — — 120,500	—	140	»		
— 120,500 — — 130,500	—	160	»		
— 130,500 — — 140,500	—	200	»		
— 140,500 — — 170,500	—	250	»		
— 170,500 mètres	—	300	»		
simples, blanchis : 20,500 mètres *ou* moins	—	17	25		
plus de 20,500 mèt. ; pas plus de 30,500	—	23	»		
— 30,500 — — 40,500	—	34	50		
— 40,500 — — 50,500	—	46	»		
— 50,500 — — 60,500	—	57	50		
— 60,500 — — 70,500	—	69	»		
— 70,500 — — 80,500	—	80	50		
— 80,500 — — 90,500	—	103	50		
— 90,500 — — 100,500	—	115	»		
— 100,500 — — 110,500	—	138	»		
— 110,500 — — 120,500	—	161	»		
— 120,500 — — 130,500	—	184	»		
— 130,500 — — 140,500	—	230	»		
— 140,500 — — 170,500	—	287	50		
— 170,500 mètres	—	345	»		
simples, teints, : 20,500 mètres *ou* moins	—	40	»		
plus de 20,500 mèt. ; pas plus de 30,500	—	45	»		
— 30,500 — — 40,500	—	55	»		
— 40,500 — — 50,500	—	65	»		
— 50,500 — — 60,500	—	75	»		
— 60,500 — — 70,500	—	85	»		
— 70,500 — — 80,500	—	95	»		
— 80,500 — — 90,500	—	115	»		
— 90,500 — — 100,500	—	125	»		
— 100,500 — — 110,500	—	145	»		
— 110,500 — — 120,500	—	165	»		
— 120 500 — — 130,500	—	185	»		
— 130,500 — — 140,500	—	225	»		
— 140,500 — — 170,500	—	275	»		
— 170,500 mètres	—	325	»		
retors, en deux bouts, écrus. : 20,500 mètres *ou* moins	—	19	50		
plus de 20,500 mèt. ; pas plus de 30,500	—	26	»		
— 30,500 — — 40,500	—	39	»		
— 40,500 — — 50,500	—	52	»		
— 50,500 — — 60,500	—	65	»		
— 60,500 — — 70,500	—	78	»		
— 70,500 — — 80,500	—	91	»		
— 80,500 — — 90,500	—	117	»		
— 90,500 — — 100,500	—	130	»		
— 100,500 — — 110,500	—	156	»		
— 110,500 — — 120,500	—	182	»		
— 120,500 — — 130,500	—	208	»		
— 130,500 — — 140,500	—	260	»		
— 140,500 — — 170,500	—	325	»		
— 170,500 mètres	—	390	»		

DÉNOMINATION DES PRODUITS	UNITÉS sur lesquelles portent les droits.	DROITS (décimes compris) APPLICABLES — par navires français ou italiens jusqu'au 1er octobre 1864. (F.)	par navires français ou italiens à partir du 1er octobre 1864. (C.)
Fils de coton pur, mesurant au demi-kil. (Suite) — retors, en deux bouts, (Suite) — **blanchis...**			
20,500 mètres ou moins	100 k. N.	22	40
plus de 20,500 mèt. ; pas plus de 30,500	—	29	90
— 30,500 — — 40,500	—	44	85
— 40,500 — — 50,500	—	59	80
— 50,500 — — 60,500	—	74	75
— 60,500 — — 70,500	—	89	70
— 70,500 — — 80,500	—	104	65
— 80,500 — — 90,500	—	134	55
— 90,500 — — 100,500	—	149	50
— 100,500 — — 110,500	—	179	40
— 110,500 — — 120,500	—	209	30
— 120,500 — — 130,500	—	239	20
— 130,500 — — 140,500	—	299	»
— 140,500 — — 170,500	—	373	75
— 170,500 mètres	—	448	50
teints.....			
20,500 mètres ou moins	—	44	50
plus de 20,500 mèt. ; pas plus de 30,500	—	51	»
— 30,500 — — 40,500	—	64	»
— 40,500 — — 50,500	—	77	»
— 50,500 — — 60,500	—	90	»
— 60,500 — — 70,500	—	103	»
— 70,500 — — 80,500	—	116	»
— 80,500 — — 90,500	—	142	»
— 90,500 — — 100,500	—	155	»
— 100,500 — — 110,500	—	181	»
— 110,500 — — 120,500	—	207	»
— 120,500 — — 130,500	—	233	«
— 130,500 — — 140,500	—	285	»
— 140,500 — — 170,500	—	350	»
— 170,500 mètres	—	415	»
Fils de coton (Suite) — pur (Suite) — retors, en trois bouts ou plus, écrus, blanchis ou teints.			
à simple torsion	1,000 m. de longueur.	6 centimes.	
à plusieurs torsions ou câblés	—	12 centimes.	
ourdis en chaîne, écrus blanchis ou teints	100 k. N.	Mêmes droits que les fils de coton retors en deux bouts, selon l'espèce et le degré de finesse.	
mélangés, le coton dominant en poids		Mêmes droits que les fils de coton pur.	
Fils de laine, pure, mesurant au kilog. — simples — **blanchis ou non.**			
30,500 mètres ou moins	100 k. N.	25	»
plus de 30,500 mèt. ; pas plus de 40,500	—	35	»
— 40,500 — — 50,500	—	45	»
— 50,500 — — 60,500	—	55	»
— 60,500 — — 70,500	—	65	»
— 70,500 — — 80,500	—	75	»
— 80,500 — — 90,500	—	85	»
— 90,500 — — 100,500	—	95	»
— 100,500 mètres	—	100	»
simples — **teints...**			
30,500 mètres ou moins	—	50	»
plus de 30,500 mèt. ; pas plus de 40,500	—	60	»
— 40,500 — — 50,500	—	70	»
— 50,500 — — 60,500	—	80	»
— 60,500 — — 70,500	—	90	»
— 70,500 — — 80,500	—	100	»
— 80,800 — — 90,500	—	110	»
— 90,500 — — 100,500	—	120	»
— 100,500 mètres	—	125	»
retors { pour tissage } — **blanchis ou non.**			
30,500 mètres ou moins	—	32	50
plus de 30,500 mèt. ; pas plus de 40,500	—	45	50
— 40,500 — — 50,500	—	58	50
— 50,500 — — 60,500	—	71	50
— 60,500 — — 70,500	—	84	50
— 70,500 — — 80,500	—	97	50
— 80,500 — — 90,500	—	110	50
— 90,500 — — 100,500	—	123	50
— 100,500 mètres	—	130	»
retors — pour tissage — **teints...**			
30,500 mètres ou moins	—	57	50
plus de 30,500 mèt. ; pas plus de 40,500	—	70	50
— 40,500 — — 50,500	—	83	50
— 50,500 — — 60,500	—	96	50
— 60,500 — — 70,500	—	109	50
— 70,500 — — 80,500	—	122	50
— 80,500 — — 90,500	—	135	50
— 90,500 — — 100,500	—	148	50
— 100,500 mètres	—	155	»

DÉNOMINATION DES PRODUITS	UNITÉS sur lesquelles portent les droits.	DROITS (décimes compris) APPLICABLES par navires français ou italiens jusqu'au 1er octobre 1864.	par navires français ou italiens à partir du 1er octobre 1864
		F.	C.
Fils de laine, pure, *mesurant au kilog.* (Suite) — retors (Suite) pour tapisserie — blanchis ou non. — 30,500 mètres *ou moins*	100 k. N.	50	»
plus de 30,500 mèt. ; pas plus de 40,500	—	70	»
— 40,500 — — 50,500	—	90	»
— 50,500 — — 60,500	—	110	»
— 60,500 — — 70,500	—	130	»
— 70,500 — — 80,500	—	150	»
— 80,500 — — 90,500	—	170	»
— 90,500 — — 100,500	—	190	»
— 100,500 mètres	—	200	»
teints. — 30,500 mètres *ou moins*	—	75	»
plus de 30,500 mèt. ; pas plus de 40,500	—	95	»
— 40,500 — — 50,500	—	115	»
— 50,500 — — 60,500	—	135	»
— 60,500 — — 70,500	—	155	»
— 70,500 — — 80,500	—	175	»
— 80,500 — — 90,500	—	195	»
— 90,500 — — 100,500	—	215	»
— 100,500 mètres	—	225	»
mélangée, la laine *dominant en poids*	—	Mêmes droits que les fils de laine pure	
Fils d'alpaga, de lama et de vigogne. — purs		id.	
mélangés — de laine, *quelle que soit la proportion du mélange*		id.	
d'autres filaments quelconques, la laine d'alpaga, de lama et de vigogne *dominant en poids*		id.	
Fils de poils — de chèvre		Voir le Tableau des droits.	
de chameau — pur		Mêmes droits que les fils de laine pure	
mélangé — de laine, *quelle que soit la proportion du mélange*		Mêmes droits que les fils de laine pure	
d'autres filaments quelconques, le poil de chameau *dominant en poids*		Mêmes droits que les fils de laine pure	
autres	100 k. B.	Exempts.	
Fleurs artificielles	—	Exemptes.	
Fleurs médicinales non dénommées	—	2	»
Fournitures d'horlogerie. V. horlogerie.			
Fromages — de pâte dure	—	4	»
de pâte molle	—	3	»
Fruits de table — frais : oranges, citrons et leurs variétés	—	2	»
secs ou tapés — pistaches			
autres que raisins secs	—	8	»
confits : concombres et cornichons, olives et picholines, et câpres.			
conservés sans sucre ni miel			
Fruits oléagineux	—	mpts.	
Futailles vides montées ou démontées. — cerclées en bois	—	Exemptes.	
cerclées en fer	la valeur.	10 p. 0/0	

G

DÉNOMINATION DES PRODUITS	UNITÉS	DROITS jusqu'au 1er octobre 1864	à partir du 1er octobre 1864
Garancine (extrait de garance)	100 k. B.	Exempte.	
Gélatine	la valeur.	5 p. 0/0	
Gingembre. V. racines médicinales.			
Glaces — brutes	le mèt. carré.	1	50
polies	—	4	»
étamées			
Gobeleterie. V. verres et cristaux.			
Graines oléagineuses	100 k. B.	Exemptes.	
Graisses, de toute sorte	—	id.	
Graisses de poisson	—	6	»
Gravures, lithographies, photographies et dessins de toute sorte, sur papier	—	Exempts.	
Groisil ou verre cassé	—	Exempt.	
Gutta-Percha (ouvrages en). V. caoutchouc.			

DÉNOMINATION DES PRODUITS	UNITÉS sur lesquelles portent les droits.	DROITS (décimes compris) APPLICABLES	
		par navires français ou italiens jusqu'au 1er octobre 1864.	par navires français ou italiens à partir du 1er octobre 1864.
		F. C.	

H

Hameçons, de toute espèce	100 k. N.	50 »	
Herbes médicinales non dénommées	100 k. B.	2 »	
Horlogerie { ouvrages montés... } horloges en bois. autres	la valeur.	5 p. 0/0	
fournitures d')	100 k. N.	100 »	
Houblon	—	20 »	
Huiles fixes, pures { de palme, de coco, de touloucouna et d'illipé		Voir le Tarif général.	
d'olive	100 k. B.	3 »	
autres		Voir le Tarif général. id.	
de rose			
volatiles ou essences { de bois de Rhodes, de girofle, muscades, macis, cannelle, cassia-lignea, sassafras, fenouil, anis, badiane, carvi, cajeput, camomille, valériane, amande amère et d'orange, de citron et de leurs variétés	100 k. N.	100 »	
toutes autres		Voir le Tarif général.	
Huîtres fraiches	le mille en N.	1 50	
Hydrochlorate ou muriate de potasse. V. chlorure de potassium.			

I

Instruments { de chimie et de chirurgie	100 k. B.	Exempts.	
de musique et pièces détachées d'instruments	la valeur.	10 p. 0/0	
d'optique, de calcul, d'observation et de précision	100 k. B.	Exempts.	
Iode	—	Exempt.	
Iodure de potassium	—	Exempt.	
Iris de Florence ouvré	la valeur.	10 p 0/0	

J

Joncs et roseaux bruts d'Europe	100 k. B.	Exempts.	
Jus { de citron	—	Exempt.	
de réglisse		4 »	
Jute { brut, teillé, en étoupes, peigné ou tordu		Voir le Tarif général.	
Fils de). V. fils.			
Tissus de). V. tissus.			

K

Kirschwasser (eau-de-vie de cerises). V. alcool.

L

Laines { en masse		Voir le Tarif général.	
peignées ou teintes de toute sorte	100 k. N.	25 »	
Fils de). V. fils.			
Tissus de(. V. tissus.			
Laiton. V. cuivre.			
Laque en teinture ou en trochisque	100 k. B.	Exempte.	
Lie de vin. V. tartrates.			

DÉNOMINATION DES PRODUITS	UNITÉS sur lesquelles portent les droits.	DROITS (décimes compris) APPLICABLES — par navires français ou italiens jusqu'au 1er octobre 1864.	par navires français ou italiens à partir du 1er octobre 1864.
		F. C.	F. C.
Liége brut et râpé, de toute sorte	100 k. B.	Exempt.	Exempt.
Limes. V. outils en acier pur.			
Lin. — brut, teillé, en étoupes, peigné ou tordu		Voir le Tarif général.	
Fils de). V. fils.			
Tissus de). V. tissus.			
Liqueurs	l'hect. de liquide.	15 »	15 »
Lithographies. V. gravures.			
Livres — en langue française	100 k. B.	Exempts.	Exempts.
en langues mortes ou étrangères			

M

Machines et Mécaniques. — Appareils complets.

DÉNOMINATION DES PRODUITS	UNITÉS	jusqu'au 1er octobre 1864	à partir du 1er octobre 1864
à vapeur — fixes, avec ou sans chaudières, avec ou sans volants	100 k. N.	10 »	6 »
pour la navigation, avec ou sans chaudières	—	20 »	12 »
Locomotives ou locomobiles	—	15 »	10 »
Tenders *de machines locomotives*	—	10 »	8 »
pour la filature	—	15 »	10 »
à nettoyer et ouvrir la laine, le lin, le coton *et autres* matières textiles			
pour le tissage			
à fabriquer le papier	—	9 »	6 »
à imprimer			
pour l'agriculture			
à bouter les plaques *et* rubans de cardes			
Métiers à tulle			
à sucre, à distiller, de chauffage, en cuivre	—	15 »	10 »
Cardes non garnies			
autres qu'à vapeur — Chaudières à vapeur — en tôle de fer, cylindriques ou sphériques, avec ou sans bouilleurs ou réchauffeurs	—	10 »	8 »
tubulaires en tôle de fer, à tubes en fer, cuivre ou laiton étirés ou en tôle clouée, à foyers intérieurs, *et* toutes autres chaudières de forme non cylindrique ou sphérique simple	—	15 »	12 »
en tôle d'acier, *de toute forme*	—	30 »	25 »
Gazomètres, chaudières découvertes, poêles *et* calorifères en tôle, ou en fonte et tôle	—	10 »	8 »
Machines-outils *et machines non* dénommées contenant en fonte — 75 p. 0/0 *et plus*	—	9 »	6 »
50 à 75 0/0 *exclusivement*	—	15 »	10 »
moins de 50 p. 0/0	—	20 »	15 »

Machines et Mécaniques. — Pièces détachées.

DÉNOMINATION DES PRODUITS	UNITÉS	jusqu'au 1er octobre 1864	à partir du 1er octobre 1864
Plaques *et* rubans de cardes sur cuir, sur caoutchouc *ou* sur tissus purs *ou* mélangés	—	60 »	50 »
Dents de rois en fer *ou* en cuivre	—	30 »	30 »
Rois, ferrures *ou* peignes à tisser à dents de fer *ou* de cuivre	—	50 »	30 »
Pièces en fonte, *polies, limées et ajustées*	—	9 »	6 »
Pièces en fer forgé, *polies, limées et ajustées ou non, quel que soit leur poids (y compris les essieux, ressorts et bandages de roues).*	—	15 »	10 »
Ressorts en acier pour carrosserie, wagons et locomotives	—	17 »	15 »
Pièces en acier, *polies, limées,* plus d'un kilogramme	—	30 »	25 »
ajustées ou non, pesant un kilogramme ou moins	—	40 »	35 »
Pièces en cuivre pur *ou* allié de tous autres métaux	—	25 »	20 »
Plaques *et* rubans de cuir, de caoutchouc *et* de tissus spécialement destinés pour cardes	—	20 »	20 »

DÉNOMINATION DES PRODUITS	UNITÉS	jusqu'au 1er octobre 1864	à partir du 1er octobre 1864
Magnésie — Carbonate de). V. carbonate.			
Sulfate de). V. sulfate.			
Manganèse (minerai)	100 k. B.	Exempt	Exempt.
Marbres de toute sorte — bruts ou équarris	—	1 »	1 »
sciés, ayant d'épaisseur — 16 centimètres et plus	—	1 50	1 50
moins de 16 centimètres	—	1 50	1 50
sculptés, moulés ou polis — Statues modernes	—	Exemptes.	Exemptes.
Autres	—	1 50	1 50
Manne	—	8 »	8 »

DÉNOMINATION DES PRODUITS	UNITÉS sur lesquelles portent les droits.	DROITS (décimes compris) APPLICABLES	
		par navires français ou italiens jusqu'au 1er octobre 1864.	par navires français ou italiens à partir du 1er octobre 1864.
		F. C.	
Matériaux { Ardoises, briques, tuiles, carreaux de terre (poterie grossière), pierres de constructions, brutes. V. ces mots.			
{ Autres		Voir le Tarif général.	
Mélasse { pour la distillation	100 k. B.	Exempte.	
{ pour toute autre destination, ayant { moins de 50 p. 0/0	100 k. N.	14 30	
de richesse saccharine { plus de 50 p. 0/0	—	Droit du sucre brut.	
Mercerie de toute sorte	la valeur.	10 p. 0/0	
Mercure natif	100 k. B.	Exempt.	
Meubles	la valeur.	10 p 0/0	
Miroirs ayant moins d'un mètre carré	—	10 p. 0/0	
Moellons ou pierres de constructions brutes. V. pierres de constructions brutes.			
Modes (ouvrages de)	100 k. B.	Exempts.	
Moutarde. V. épices préparées.			
Muriate de potasse. V. chlorure de potassium.			
Musique gravée	—	Exempte.	
Merrains	le mille en nomb.	Exempts.	
Mules et **Mulets**	par tête.	5 »	

N

DÉNOMINATION DES PRODUITS	UNITÉS	jusqu'au 1er octobre 1864	à partir du 1er octobre 1864
Nattes et tresses de bois, de paille, etc. V. tresses.			
Nickel métallique { speiss	100 k. B.	Exempt.	
{ pur ou allié d'autres métaux (argentan). V. argentan.			
Nitrates { de potasse	—	Exempts.	
{ de soude			

O

DÉNOMINATION DES PRODUITS	UNITÉS	jusqu'au 1er octobre 1864	à partir du 1er octobre 1864
Oranges. V. fruits de table.			
Or battu, en feuilles	1 k. N.	25 »	
Orfèvrerie. V. bijouterie			
Orseilles { violette ou cudbéard			
{ autres, de toute sorte	la valeur.	5 p. 0/0	
Os et sabots de bétail, bruts ou calcinés à blanc	100 k. B.	Exempts	
Outils { en fer pur, emmanchés ou non	100 k. N.	12 »	10 f. les 100 k. B.
{ en fer rechargé d'acier, emmanchés ou non	—	18 »	15 »
{ en acier pur (faulx, faucilles, limes, scies circulaires ou droites, et autres non dénommées	—	40 »	32 »
Outremer	—	15 65	
Ouvrages { en bois { Futailles vides, balais, avirons. V. ces mots.			
Pelles, fourches et râteaux en bois			
Plats, cuillers, écuelles et autres articles de ménage en bois			
Manches d'outils en bois, avec ou sans virole	100 k. B.	Exempts.	
Pièces de bois, brutes ou façonnées { de charpente			
{ de charronnage			
Boîtes de bois blanc			
Autres	la valeur.	10 p. 0/0	
en caoutchouc ou en gutta-percha. V. caoutchouc.			
en crin ou en poils de vache, purs ou mélangés	—	10 p. 0/0	
d'horlogerie. V. horlogerie.			
en ivoire. V. tabletterie.			
de modes. V. modes.			
en peau ou en cuir { gants	—	5 p. 0/0	
{ de toute autre espèce	—	10 p. 0/0	

DÉNOMINATION DES PRODUITS	UNITÉS sur lesquelles portent les droits.	DROITS (décime compris) APPLICABLES par navires français ou italiens jusqu'au 1er octobre 1864.		par navires français ou italiens à partir du 1er octobre 1864.	
		F.	C.	F.	C.
Ouvrages en métaux, en acier. Petits objets en acier (*tels que perles, coulants, broches et dés à coudre*)	100 k. N.	25	»	20	»
Ouvrages en métaux, en acier. Articles de ménage *et* autres ouvrages en acier pur, non dénommés	—	40	»	32	»
Ouvrages en métaux, en fonte, moulée, *non tournés ni polis*. Coussinets de chemins de fer, plaques *ou* autres pièces coulées à découvert	100 k. B.	3	50	3	»
Ouvrages en métaux, en fonte, moulée, *non tournés ni polis*. Tuyaux cylindriques droits, poutrelles *et* colonnes pleines *ou* creuses, cornues pour la fabrication du gaz, barreaux pleins *et* leurs assemblages, grilles *et* plaques de foyers, arbres de transmission, bâtis de machines *et* autres objets sans ornements ni ajustages	—	4	25	3	75
Ouvrages en métaux, en fonte, moulée, *non tournés ni polis*. Poterie *et* tous autres ouvrages non désignés dans les deux classes précédentes	—	5	»	4	50
Ouvrages en métaux, en fonte, polis *ou* tournés	—	9	»	6	»
Ouvrages en métaux, en fonte, étamés, émaillés *ou* vernissés	100 k. N.	12	»	10 f. les 100 k. B.	
Ouvrages en métaux, en fer. Ferronnerie (*Pièces de charpente ; courbes* et *solives pour navires ; ferrures de charrettes* et *wagons ; gonds, pentures, gros verrous, équerres* et *autres gros ferrements de portes* ou *croisées, non tournés ni polis ; grilles en fer plein, lits, siéges et meubles de jardin* ou *autres, avec* ou *sans ornements accessoires en fonte, cuivre* ou *acier*). (1)	100 k. B.	9	»	8	»
Ouvrages en métaux, en fer. Serrurerie (*Serrures* et *cadenas en fer de toute sorte, fiches* et *charnières en tôle ; loquets, targettes* et *tous autres objets en fer* ou *tôle, tournés, polis* ou *limés pour ferrures de meubles, portes* et *croisées*)	100 k. N.	15	»	12	»
Ouvrages en métaux, en fer. Clous forgés à la mécanique	100 k. B.	10	»	8	»
Ouvrages en métaux, en fer. Clous forgés à la main	100 k. N.	15	»	12	»
Ouvrages en métaux, en fer. Vis à bois, boulons *et* écrous	100 k. B.	10	»	8	»
Ouvrages en métaux, en fer. Tubes en fer. étirés, soudés par simple rapprochement et *ayant intérieurement un diamètre de* 9 millim. *ou* plus	100 k. N.	13	»	11	»
Ouvrages en métaux, en fer. Tubes en fer. étirés, soudés par simple rapprochement et *ayant intérieurement un diamètre de* moins de 9 millim.; sur mandrin *et* recouvrement; Raccords *de toute espèce*	—	25	»	20	»
Ouvrages en métaux, en fer. Articles de ménage *et* autres ouvrages non dénommés, en fer *ou* en tôle, polis ou peints	—	17	»	14	»
Ouvrages en métaux, en fer. Articles de ménage *et* autres ouvrages non dénommés, en fer *ou* en tôle, étamés, émaillés *ou* vernissés	—	20	»	16	»
Ouvrages en métaux, en fer. Objets en fonte et fer. non polis, le poids du fer *étant* inférieur à la moitié du poids total	100 k. B.	5	»	4	50
Ouvrages en métaux, en fer. Objets en fonte et fer. non polis, le poids du fer *étant* égal *ou* supérieur à la moitié du poids total	—	10	»	8	»
Ouvrages en métaux, en fer. Objets en fonte et fer. polis, émaillés *ou* vernissés, *même avec ornements accessoires en fer, cuivre, laiton* ou *acier*	100 k. N.	15	»	12	»
Ouvrages en métaux, en divers autres métaux. Chaudronnerie; Objets d'art *et* d'ornement *et* tous autres ouvrages en cuivre pur *ou* allié de zinc *ou* d'étain	—	25	»	20	»
Ouvrages en métaux, en divers autres métaux. Ouvrages en zinc, *de toute espèce*	100 k. B.	10	»	8	»
Ouvrages en métaux, en divers autres métaux. Tuyaux *et* autres ouvrages en plomb *de toute sorte*	—	5	»	3	»
Ouvrages en métaux, en divers autres métaux. Poterie *et* autres ouvrages en étain pur *ou* allié d'antimoine	100 k. N.	30	»	30	»
Ouvrages en métaux, en divers autres métaux. Ouvrages en nickel allié au cuivre *ou* au zinc V. *argentan.*					
Ouvrages en métaux, en divers autres métaux. Ouvrages dorés ou argentés, *soit au mercure, soit par les procédés électro-chimiques*	—	100	»	100	»
Ouvrages en métaux, en divers autres métaux. Statues en métal *de grandeur naturelle au moins*	100 k. B.	Exemptes.		Exemptes.	
Oxalate de potasse	100 k. N.	15	»	10 f. les 100 k. B.	
Oxydes de fer	100 k. B.	Exempt.		Exempt.	
Oxydes de plomb	—	5	»	2	»
Oxydes de zinc (blanc de zinc)					

P

Pâtes d'Italie	100 k. B.	3	»	3	»
Pagnes. V. tissus d'écorce.					
Papier, de toute sorte	—	10	»	8	»
Parapluies et Parasols	la valeur.	10 p. 0/0		10 p. 0/0	

(1) Les essieux, ressorts et bandages de roues ne sont pas compris dans cette nomenclature et figurent parmi les pièces détachées de machines.

DÉNOMINATION DES PRODUITS	UNITÉS sur lesquelles portent les droits.	DROITS (décimes compris) APPLICABLES	
		par navires français ou italiens jusqu'au 1er octobre 1864.	par navires français ou italiens à partir du 1er octobre 1864.
		F. C.	F. C.
Parfumeries alcooliques	l'hect. d'alcool pur	20 »	20 »
autres { Eaux de senteur sans alcool, vinaigres parfumés, pâtes liquides ou en pains, savons, poudres à poudrer et de senteur, pommades de toute sorte et fards. V. ces mots.			
Passementeries. V. tissus selon l'espèce.			
Pâtes liquides ou en pains.	100 k. B	10 »	10 »
Peaux de chien de mer, brutes, fraîches ou sèches.	—	Exemptes.	Exemptes.
Peaux brutes, fraîches ou sèches, grandes ou petites.		Voir le Tarif général.	
Peaux préparées { d'agneau et de chevreau, en poil, en confit ou mégies.		id.	
Parchemin et vélin bruts ou achevés.		id.	
teintes { cuir odorant de veau ou de vachette, dit de Russie. de mouton.	100 k. N.	45 »	45 »
autres.	—	80 »	80 »
vernies ou maroquinées.	—	80 »	80 »
non dénommées, de toute espèce.	100 k. B.	10 »	10 »
Phormium tenax { brut, teillé, en étoupe, peigné ou tondu. Fils de). V. fils. Tissus de). V. tissus.		Voir le Tarif général.	
Phosphates naturels.	10 k. B.	Exempts.	
Phosphore { blanc.	100 k. N.	40 »	
rouge.	la valeur.	10 p. 0/0	
Photographies. V. gravures.			
Pierres ouvrées (y compris les pierres d'ardoise) { taillées ou sciées.	100 k. B.	Exemptes.	Exemptes.
sculptées ou polies. { statues modernes.	—	» 50	» 50
autres.	—	» 50	» 50
Planches gravées pour impressions sur papier.	—	10 »	8 »
Plantes alcalines.	—	Exemptes.	Droit du Tarif général.
Plaqués, sans distinction de titre.	100 k. N.	100 »	100 »
Plomb { en masses brutes, saumons, barres ou plaques.		Voir le Tarif général.	
laminé. allié d'antimoine, en masses.	100 k. B.	5 »	1 3 »
débris de vieux ouvrages en plomb.	—	Exempts.	
Plumes en métal autre que l'or ou l'argent.	100 k. N.	100 »	
Poils { de chèvre, peignés.	100 k. B.	10 »	
Fils de). V. fils. Tissus de). V. tissus.			
Poissons { d'eau douce { frais. préparés.		Voir le Tarif général.	
de mer frais, secs, salés ou fumés, à l'exclusion de la morue.	100 k. B.	10 »	
Pommades, de toute sorte (Parfumeries).	—	10 »	
Porcelaines, de toute sorte (blanches ou décorées, parian et biscuit blanc ou coloré.	la valeur.	10 p. 0/0	
Poterie { d'étain et de fonte. V. ouvrages en métaux.			
de terre commune { cuites en dégourdi { cornues à gaz. Creusets de toute sorte (y compris ceux en graphite ou en plombagine). tuyaux de drainage et autres. pipes de terre. non vernissées de toutes formes.	100 k. B.	Exempts.	
vernissées { sans décoration de sculpture ou de peinture (poteries grossières).	—	5 »	
avec décorations à reliefs unicolores et multicolores (platerie et creux).	—	5 »	
ustensiles et appareils pour la fabrication des produits chimiques.	—	Exempts.	
cuites en grès. { communes, de toute sorte, (platerie et creux) comprenant la forme bouteille, les carafes, objets de ménage, ustensiles de cuisine et autres.	—	4 »	
grès fin, c'est-à-dire poteries unies ou décorées, faites avec des pâtes fines, lavées et cuites.	la valeur.	20 p. 0/0	15 p. 0/0
Faïence et porcelaines. Voir ces mots.			

DÉNOMINATION DES PRODUITS	UNITÉS sur lesquelles portent les droits.	par navires français ou italiens jusqu'au 1er octobre 1864		par navires français ou italiens à partir du 1er octobre 1864	
		F.	C.	F.	C.
Poudres { à poudrer. — de senteur { de Chypre — non dénommées. }	100 k. B.	10	»	10	»
Produits chimiques non dénommés au Traité.	la valeur.	5 p. 0/0		5 p. 0/0	
Prussiate de potasse. { jaune.	100 k. N.	20	»	20	»
rouge.	—	30	»	30	»
R					
Régule. V. Antimoine métallique.					
Résines, de toute sorte, même distillées	100 k. B.	Exemptes.		Exemptes.	
Riz { en grains.	—	»	50	»	50
en paille.	—	»	25	»	25
S					
Safran.	—	Exempt.		Exempt.	
Sabots de bétail. V. os.					
Safre. { sels de cobalt, de toute sorte.		Voir le Tarif général.			
autres composés du cobalt.	—	Exempt.		Exempt.	
Salin de betterave.	—	»	10	»	10
Salseparelle. V. racines médicinales.					
Savons { parfumés.					
ordinaires.	—	6	»	6	»
Scies. V. outils en acier.					
Sels { de soude non dénommés.	—	5	25	3	50
ammoniacaux, bruts ou raffinés. { sel ammoniac (hydrochlorate d'ammoniaque).	la valeur.	5 p. 0/0 plus 3 fr. par 100 k. B.			
autres.	—	5 p 0/0		5 p. 0/0	
d'étain.	—	5 p. 0/0 plus 30 c. par 100 k. B.			
Smalt. V. cobalt vitrifié.					
Soies { en cocons.		Voir le Tarif général.			
gréges.	100 k. N.	Exemptes.			
moulinées.		Exemptes.			
teintes { à coudre, à broder et à dentelles.	—	300	»	Exemptes.	
autres.	—	Exemptes.			
bourre { en masse.	—	Exemptes.			
peignée.	100 k. B.	10	»		
filée, simple ou retorse, écrue, blanchie, azurée ou teinte, mesurant au kil... { 80,500 mètres simples ou moins.	100 k. N.	75	»		
plus de 80,500 m. simples	—	120	»		
Tissus de). V. tissus.					
Soude { de varech.	100 k. B.	»	15	»	15
caustique.	—	9	40	6	40
artificielle brute titrant { moins de 30 degrés.	—	6	65	5	85
au moins 30 id.	—	2	70	1	90
Speiss. V. nickel.					
Statues modernes. { en marbre, pierres, écossines et albâtre. V. ces mots. — en métal. V. ouvrages en métaux.					
Silicate de soude. { anhydre.	—	5	95	4	20
cristallisé ou hydraté.	—	5	60	3	85
Sucres { bruts.		Voir le Tarif général.			
raffinés { candis.	100 k. N.	58	»		
autres.	—	55	»		
de lait.	100 k. B.	Exempt.			
Sulfates { de potasse. — de magnésie.	—	Exempts.			
Sulfite de soude.	—	1	80		
Sulfures d'arsenic.	—	Exempts.			

DÉNOMINATION DES PRODUITS	UNITÉS sur lesquelles portent les droits.	DROITS (décimes compris) APPLICABLES — par navires français ou italiens jusqu'au 1er octobre 1864. / à partir du 1er octobre 1864.	
		F.	c.
T			
Tabletterie et ouvrages en ivoire	la valeur.	40 p. 0/0	
Tapis de laine. V. tissus de laine.			
Tartrates — de potasse { très-impur — lies de vin		Voir le tarif général.	
de potasse { impur. { tartre brut			
de potasse { impur. { cristaux de tartre			
de potasse { pur — crème de tartre	100 k. B.	Exempts.	
de potasse { autre (sel végétal)			
de soude et de potasse (sel de Seignette)			
Tissus d'alpaga, de lama et de vigogne. — purs		mêmes droits que les tissus de laine pure.	
mélangés { de laine, *quelle que soit la proportion du mélange*			
mélangés { d'autres filaments quelconques, la laine d'alpaga, de lama et de vigogne *dominant en poids*			
Tissus de coton pur, unis, croisés, et coutils. — écrus. présentant en chaîne et en trame, dans l'espace de 5 millimètres carrés, ceux pesant : 11 kil. *et* plus les 100 mèt. carrés — 35 fils *ou* moins	100 k. N.	50	»
36 fils *et* audessus	—	80	»
de 7 à 11 kil. *ex-clusivement* les 100 mèt. carrés — 35 fils *ou* moins	—	60	»
36 à 43 fils *inclusivement*	—	100	»
44 fils et au-dessus	—	200	»
de 3 à 7 kil. *ex-clusivement* les 100 mèt. carrés — 27 fils *ou* moins	—	80	»
28 à 35 fils *inclusivement*	—	120	»
36 à 43 fils *idem*	—	190	»
44 fils *et* au-dessus	—	300	»
pesant moins de 3 kilogrammes les 100 mètres carrés	la valeur.	15 p. 0/0	
blanchis. présentant en chaîne et en trame, dans l'espace de 5 millimètres carrés, ceux pesant : 11 kil. *et* plus les 100 mèt. carrés — 35 fils *ou* moins	100 k. N.	57	50
36 fils *et* au-dessus	—	92	»
de 7 à 11 kil. *ex-clusivement* les 100 mèt. carrés — 35 fils *ou* moins	—	69	»
36 à 43 fils *inclusivement*	—	115	»
44 fils *et* au-dessus	—	230	»
de 3 à 7 kil. *ex-clusivement* les 100 mèt. carrés — 27 fils *ou* moins	—	92	»
28 à 35 fils *inclusivement*	—	138	»
36 à 43 fils *idem*	—	218	50
44 fils *et* au-dessus	—	345	»
pesant moins de 3 kilogrammes les 100 mètres carrés	la valeur.	15 p. 0/0	
teints. présentant en chaîne et en trame, dans l'espace de 5 millimètres carrés, ceux pesant : 11 kil. *et* plus les 100 mèt. carrés — 35 fils *ou* moins	100 k. N.	75	»
36 fils *et* au-dessus	—	105	»
de 7 à 11 kil. *ex-clusivement* les 100 mèt. carrés — 35 fils *ou* moins	—	85	»
36 à 43 fils *inclusivement*	—	125	»
44 fils *et* au-dessus	—	225	»
de 3 à 7 kil. *ex-clusivement* les 100 mèt. carrés — 27 fils *ou* moins	—	105	»
28 à 35 fils *inclusivement*	—	145	»
36 à 43 fils *idem*	—	215	»
44 fils *et* au-dessus	—	325	»
imprimés... pesant moins de 3 kilogrammes les 100 mètres carrés	la valeur.	15 p. 0/0	
Tissus de coton (Suite) — pur (*Suite*). Velours façon soie (*dite velvets*) — écrus	100 k. N.	85	»
teints ou imprimés	—	110	»
Velours autres (*cords, moleskins, etc.*) — écrus	—	60	»
teints ou imprimés	—	85	»
Broderies à la main	la valeur.	10 p. 0/0	
Dentelles *et* blondes	—	5 p. 0/0	
Piqués, basins, façonnés, damassés *et* brillantés			
Couvertures			
Tulles unis ou brodés			
Gazes *et* mousselines, brodées *ou* brochées, pour ameublement ou tentures	—	15 p. 0/0	
Vêtements *et* articles confectionnés en tout ou en partie			
Articles non dénommés			
mélangé, le coton *dominant en poids*			

DÉNOMINATION DES PRODUITS	UNITÉS sur lesquelles portent les droits.	DROITS (décime compris) APPLICABLES par navires français ou italiens jusqu'au 1er octobre 1864. (F. C.)	par navires français ou italiens à partir du 1er octobre 1864. (F. C.)
Tissus de crin pur ou mélangé...	la valeur.	10 p. 0/0	10 p. 0/0
Tissus de jute — pur, présentant en chaîne, dans l'espace de 5 millimètres, écrus — unis, 3 fils ou moins	100 k. N.	13 »	10 f. les 100 k. B.
croisés, 3 fils ou moins	—	15 »	12 »
4 et 5 fils	—	21 »	16 »
6, 7 et 8 fils	—	30 »	24 »
plus de 8 fils	—	Mêmes droits que les tissus de lin, selon le degré de finesse.	
blanchis ou teints — unis, 3 fils ou moins	—	19 »	15 »
croisés, 3 fils ou moins	—	22 »	17 »
4 et 5 fils	—	30 »	23 »
6, 7 et 8 fils	—	44 »	35 »
plus de 8 fils	—	Mêmes droits que les tissus de lin, selon le degré de finesse.	
Tapis ras ou à poil	—	32 »	24 »
mélangé, le jute dominant en poids	la valeur.	20 p. 0/0	15 p. 0/0
Tissus de laine — pure — Tapis, de toute espèce	—	15 p. 0/0	
Chaussons de lisière	—	10 p 0/0	
Lisières de drap, de toute espèce, entières ou coupées	100 k. B.	Exemptes.	
Couvertures			
Bonneterie			
Rubanerie	la valeur.	15 p. 0/0	10 p. 0/0
Dentelles			
Autres tissus			
Articles non dénommés			
Vêtements et articles confectionnés — neufs / vieux	100 k. N.	20 »	
mélangée, la laine dominant en poids		Mêmes droits que les tissus de laine pure	
Tissus de lin ou de chanvre — purs, unis ou ouvrés, présentant en chaîne, dans l'espace de 5 millimètres, écrus — 8 fils ou moins	100 k. N.	28 »	
9, 10 et 11 fils	—	55 »	
12 fils	—	65 »	
13 et 14 fils	—	90 »	
15, 16 et 17 fils	—	115 »	
18, 19 et 20 fils	—	170 »	
21, 22 et 23 fils	—	260 »	
24 fils et au-dessus	—	400 »	
blanchis, teints ou imprimés — 8 fils ou moins	—	38 »	
9, 10 et 11 fils	—	70 »	
12 fils	—	95 »	
13 et 14 fils	—	120 »	
15, 16 et 17 fils	—	155 »	
18, 19 et 20 fils	—	230 »	
21, 22 et 23 fils	—	350 »	
24 fils et au-dessus	—	535 »	
Coutils unis ou façonnés, écrus, blanchis, teints ou imprimés	la valeur.	16 p. 0/0	
Linge damassé			
Batiste	100 k. N.	Mêmes droits que les toiles unies, selon l'espèce et le degré de finesse.	
Linon			
Mouchoirs encadrés — non brodés	la valeur.	10 p. 0/0	
brodés	—	5 p. 0/0	
Dentelles			
Tulle			
Bonneterie		15 p. 0/0	
Passementerie			
Rubanerie de fil, écrue, blanchie ou teinte			
Vêtements et articles confectionnés, en tout ou en partie — en coutils ou en linge damassé	—	16 p 0/0	
en autres tissus	—	15 p. 0/0	
Articles non dénommés			
mélangés, le lin ou le chanvre dominant en poids			
Tissus de poils — de chèvre — Châles et écharpes de cachemire des Indes	—	5 p. 0/0	
autres			
de chameau — pur		Mêmes droits que les tissus de laine.	
mélangé — de laine, quelle que soit la proportion du mélange			
d'autres filaments quelconques, le poil de chameau dominant en poids			
de vache purs ou mélangés	la valeur.	10 p. 0/0	
autres			

DÉNOMINATION DES PRODUITS	UNITÉS sur lesquelles portent les droits	DROITS (décimes compris) Applicables par navires français ou italiens jusqu'au 1er octobre 1864	par navires français ou italiens À partir du 1er octobre 1864
		F. D.	F. C.
Tissus de soie ou de bourre de soie. — Tissus, bonneterie *et* dentelles, de soie pure	100 k. N.	Exempts	Exempts
Crêpes, *façon d'Angleterre*, écrus, noirs *ou* de couleur	—	1,000 »	Ex. à partir de 1866
Tulles { unis { écrus	—	2,000 »	Exempts
apprêtés	la valeur	15 p. 0/0	Exempts
façonnés, écrus *ou* apprêtés		10 p. 0/0	Exempts
Tissus de bourre de soie pure ou de soie et bourre de soie, écrus, blancs, teints *ou* imprimés	100 k. N.	200 »	»
Tissus de soie *ou* de bourre de soie, avec or *ou* argent { fin	—	1,200 »	»
mi-fin *ou* faux	—	350 »	»
Passementerie *et* dentelles de soie *ou* bourre de soie, avec or *ou* argent { fin	—	1,200 »	»
mi-fin *ou* faux	—	350 »	»
Rubans de soie *ou* de bourre de soie { de velours	—	500 »	»
autres	—	800 »	»
Mélangés, la soie *ou* la bourre de soie dominant *en poids* { Rubans	la valeur	10 p. 0/0	»
autres	100 k. N.	300 »	»
Vêtements *et* articles confectionnés	Régime des tissus dominant en poids.		
Tissus de phormium tenax, d'abaca *et* d'autres végétaux filamenteux non dénommés (*y compris les tissus d'écorce en fibres de palmier et autres de toute sorte*), purs ou mélangés, le phormium tenax, l'abaca *et* les autres végétaux *dominant en poids*	la valeur.	10 p. 0/0	
Toiles cirées { pour emballage	100 k. B.	5 »	
pour ameublement, tentures ou autres usages	100 k. N.	15 »	
Toiles métalliques { en fer ou en acier	—	15 »	10 f. les 100 k. B.
en cuivre ou en laiton	—	25 »	20 »
Tôles. V. fer.			
Tresses de paille { grossières pour paillassons			Voir le tarif général.
autres, de toute sorte			
Tubes en fer. V. ouvrages en métaux.			
Tuiles { plates	100 k. B.	Exemptes.	
bombées			
faîtières			
Tulles. V. tissus.			
Tuyaux { de drainage et autres en poterie. V. poterie.			
en fonte et en plomb. V. ouvrages en métaux.			

U

Ustensiles d'arts et métiers. V. poteries.

V

Vaisselle de table ou de cuisine. V. poteries.

DÉNOMINATION DES PRODUITS	UNITÉS sur lesquelles portent les droits	jusqu'au 1er octobre 1864	À partir du 1er octobre 1864
Vannerie	la valeur.	10 p. 0/0	
Végétaux filamenteux { Jute, lin, chanvre, phormium-tenax et abaca. V. ces mots.			
Autres : bruts, teillés, peignés ou tordus			Voir le Tarif général.
Vernis à l'huile, à l'essence ou à l'esprit de vin	la valeur.	10 p. 0/0	
Verres et cristaux { Miroirs, glaces, bouteilles, groisil, émaux et vitrifications. V. ces mots.			
Verres { à vitres	100 k. B.	3	50
de couleur, polis ou gravés			
de montre et d'optique			
Gobeleterie et cristaux blancs et colorés	la valeur.	10 p. 0/0	
Autres objets en verre non dénommés			

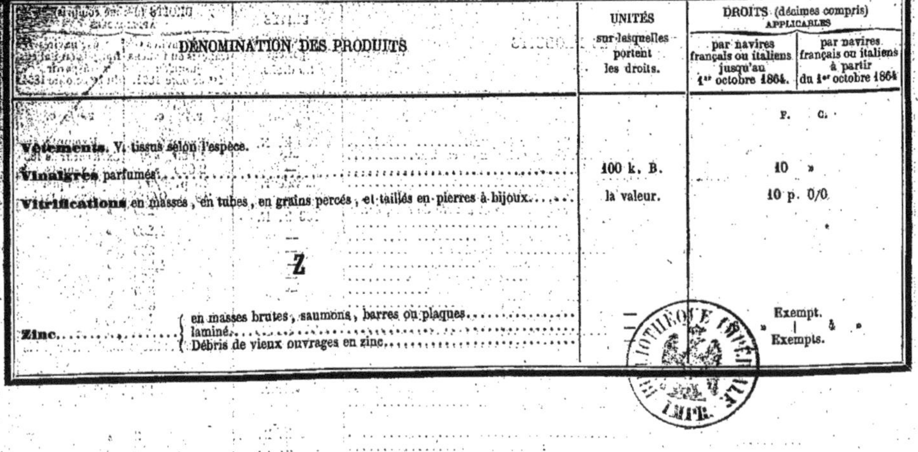

DÉNOMINATION DES PRODUITS	UNITÉS sur lesquelles portent les droits.	DROITS (décimes compris) APPLICABLES	
		par navires français ou italiens jusqu'au 1er octobre 1864.	par navires français ou italiens à partir du 1er octobre 1864
		F. C.	
Vêtements. V. tissus selon l'espèce.			
Vinaigres parfumés...............	100 k. B.	10 »	
Vitrifications en masses, en tubes, en grains percés, et taillés en pierres à bijoux......	la valeur.	10 p. 0/0	
Z			
Zinc { en masses brutes, saumons, barres ou plaques............		Exempt.	
laminé............	»		»
Débris de vieux ouvrages en zinc............		Exempts.	

AVIS

Le travail que nous offrons aujourd'hui au Commerce a été fait avec tout le soin que l'on doit exiger dans une œuvre appelée à servir de base et de règle à des opérations souvent très-importantes.

Nous croyons toutefois devoir faire remarquer que cet ouvrage sera, sans nul doute, l'objet d'un certain nombre de modifications, par suite des divers changements qui pourraient être apportés dans la tarification des marchandises par voie de décrets, ou par application de nouveaux traités de commerce.

Il est de l'intérêt du négociant de connaître ces variations, et surtout de les connaître en temps utile.

Le Commerce nous saura gré de lui signaler une publication dans laquelle il trouvera toutes ces indications : nous voulons parler de la *Revue Commerciale et Maritime de la place de Marseille*, que beaucoup de nos lecteurs connaissent déjà.

Cette feuille donne toujours en temps opportun, en ce qui concerne les renseignements douaniers, des indications parfaitement exactes, et que l'on chercherait vainement autre part.